Moment Aufnahmen

Helgoland

DIE SCHÖNSTEN SEITEN | AT ITS BEST

Düne erweist sich als Naturparadies vor Helgoland mit herrlichen, oft menschenleeren Strandabschnitten.

Düne, lying just in front of Helgoland, is a natural paradise with beautiful, often deserted stretches of beach.

Moment Aufnahmen

Ulrike Katrin Peters und
Karsten-Thilo Raab

Helgoland

DIE SCHÖNSTEN SEITEN

AT ITS BEST

SUTTON

Sand, Meer und Sonne lassen Düne zu einem Strandparadies für Groß und Klein werden.

Sun, sea and sand make Düne a beach paradise for young and old alike.

Impressum

Sutton Verlag GmbH
Hochheimer Straße 59
99094 Erfurt
www.suttonverlag.de

ISBN: 978-3-95400-335-8

Gestaltung und Satz: Sutton Verlag
Übersetzung: Easytrans24.com, Hamburg
Druck: Florjančič Tisk d.o.o. / Slovenien

Bildnachweis

Alle Fotos stammen von Ulrike Katrin Peters und Karsten-Thilo Raab, außer Aufnahme Seite 74 (Louis Stahl).

Ja, die Anna. Alle bewundern sie. Kaum einer, der sich nicht nach ihr umdreht, obwohl sie eigentlich nur so rumsteht, rötlich gefärbt und lang. Sie ist so etwas wie der Fels in der Brandung – von Wind, Wetter und Wellen gezeichnet. Und doch bleibt sie standhaft, wenngleich auch nur dank zahlloser Hilfsmaßnahmen. Ihren Namen soll sie in Anlehnung an eine hübsche Kellnerin erhalten haben, die hier einst in einem Tanzlokal unweit des Klippenrandes mit ihren langen Beinen die Blicke der Männer auf sich zog. Das Tanzlokal ist verschwunden, ebenso die Namenspatin, die längst das Zeitliche gesegnet hat. Auch die natürliche Steinbrücke, die bis 1860 die Lange Anna mit dem Hochplateau des Helgoländer Oberlandes verband, existiert nicht mehr: Sie stürzte ein. Ein ähnliches Schicksal könnte dem Naturdenkmal Lange Anna drohen. Ein Schutzwall hält bislang Teile der Brandung fern, doch die Erosion ist scheinbar nicht aufzuhalten.

Möglicherweise ist diese Entwicklung der Grund, warum die Menschen in diesem Teil Schleswig-Holsteins nach wie vor mit den Füßen abstimmen und scharenweise zur Langen Anna pilgern – so lange sie noch steht. 320.000 Gäste begrüßt die Nordseeinsel jährlich. Und nahezu alle machen der 47 Meter hoch aufragenden Langen Anna bei einem Gang über den drei Kilometer langen Klippenrandweg ihre Aufwartung. Als kostenlose Zugabe präsentieren Hunderte von Seevögeln die eine oder andere Luftnummer am Nordwestrand der gerade mal einen Quadratkilometer großen Hauptinsel, während in den Nischen des steil abfallenden Lummenfelsens neben Möwen vor allem Basstölpel, Tordalke und Trottellummen brüten.

Nur einen Steinwurf entfernt markiert ein Gipfelkreuz den mit 61,3 Metern über dem Meeresspiegel höchsten Punkt im Landkreis Pinneberg, zu dem auch Helgoland gehört. Von hier hat man eine herrliche Sicht über das Oberland. Gleichzeitig öffnet sich der Blick auf das Panorama der kleinen Nachbarinsel Düne. An drei Seiten säumen Strandabschnitte das 0,7 Quadratkilometer große Eiland. Und diese teilen sich die Badegäste nicht selten mit Dutzenden von Seehunden und Kegelrobben, die längst ihre Scheu gegenüber den Menschen abgelegt haben.

Nach dem Zweiten Weltkrieg wurden schnell überwiegend einfache Häuser auf Helgoland hochgezogen, was dazu führte, dass aus architektonischer Sicht auch heute wenig Besonderes zu finden ist. 108 meist enge Straßen, Wege und Gassen mit durchnummerierten Häusern finden sich im Unter- und Oberland, zwischen denen ein Aufzug die Lauffaulen und Fußkranken hin- und hertransportiert.

Helgoland ist eine Insel der Entschleunigung. Nur beim Ausbooten muss es schnell gehen, wenn die Fähren vor der Reede vor Anker gehen und die Passagiere in die kleinen Börte-Boote umsteigen. Ansonsten geht es hier gemächlich zu. Außer Polizei- und Feuerwehrfahrzeugen gibt es keine weiteren Autos auf Helgoland, auch Motorräder und Fahrräder sind verboten. Für den Lieferverkehr werden Elektrofahrzeuge eingesetzt.

In den Hummerbuden, jenen bunten Häuschen am Hafen, in denen die Fischer einst ihre Arbeitsgeräte lagerten, wird Knieper serviert. Der Taschenkrebs hat als lokale Spezialität den Hummer abgelöst. Was allein der Tatsache geschuldet ist, dass es in den Gewässern um Helgoland nicht mehr genügend von den Großkrebsen gibt.

Auch auf dem Areal des Museumshofes finden sich einige Hummerbuden. In den farbigen Nachbauten ist eine Sammlung dem wohl berühmtesten Sohn der Insel gewidmet: James Krüss. Der Schriftsteller hatte sich schon zu Lebzeiten mit zahlreichen Werken aus dem Bereich der Kinderliteratur einen Namen gemacht, besonders bekannt sind die Abenteuer des Timm Thaler. Ansonsten erinnert nicht viel an Krüss. Da gibt es eine Gedenktafel im Oberland, einige Läden bieten seine Bücher an. Das war's. Prominenter platziert ist da die Büste von Hoffmann von Fallersleben direkt am Landungssteg. Der Dichter hatte 1841 während seines Aufenthalts auf Helgoland das „Lied der Deutschen“ (Text der deutschen Nationalhymne) verfasst. Damals war die Insel im Besitz Großbritanniens, bevor sie 1890 von Kaiser Wilhelm II. gegen deutsche Handelsrechte in Ostafrika getauscht wurde. Aber dies ist eine ganz andere Geschichte.

And what about Anna? Admired by all, there's hardly a soul who doesn't turn around to get a better look, even though she's just standing there, tall and reddish-hued. She's a rock in the surf – carved by wind, weather and waves. And still she remains, standing tall, albeit thanks only to countless salvage efforts. She is said to have received her name from a pretty waitress with long legs who once moved to the island and worked in a dance hall near the cliff's edge, drawing admiring glances from the local men. The dance hall has disappeared, as has Anna's namesake, who has long since passed away. The natural stone bridge, which until 1860 linked Lange Anna to the high plateau of the Helgoland Oberland, is also no longer in existence: it collapsed. A similar fate could also befall the natural monument that is Lange Anna. A protective barrier holds back some of the waves, but the erosion is seemingly unstoppable.

Perhaps this is why in this part of Schleswig-Holstein, people are still voting with their feet and flocking in droves to visit Lange Anna as long as she is still standing. The North Sea island welcomes 320,000 visitors annually. And nearly all of them pay their respects to 47-metre high Lange Anna during a walk along the three-kilometre cliffside path. As a free bonus, hundreds of sea birds perform aerial acrobatics on the north-western edge of main island, which measures just one square kilometre, while in the niches of the steeply sloping Lummenfelsen cliffs, you can find nesting gulls, and especially gannets, razorbills and guillemots.

Just a stone's throw away, at a height of 61.3 metres above sea level, a cross marks the highest point in the district of Pinneberg, of which Helgoland forms a part. From here there are wonderful views of the Oberland. At the same time, the view opens up to offer a panorama of the small neighbouring island of Düne. The island, measuring just 0.7 square kilometres, is lined on three sides by beaches. Bathers often find that they have to share these stretches with dozens of harbour seals and grey seals, which have long since lost their wariness of people.

After the Second World War, simple houses were quickly constructed on Helgoland, which means that from an architectural point of view, there is little to attract the eye today. 108 mostly narrow streets, roads and alleys with numbered houses can be found in the Unterland and Oberland, between which the lazy and footsore are transported back and forth by a lift.

Helgoland is an island with a slow pace of life. Time is only of the essence at disembarcation, when the ferries weigh anchor and passengers change over to small boats to come ashore. Otherwise things happen at a leisurely pace. Apart from police cars and fire engines, there are no vehicles on Helgoland. Motorbikes and bicycles are also prohibited. To make deliveries, electric vehicles are used.

In the lobster shacks, the colourful houses on the harbour where fishermen once stored their tools, crab claws are served. Crab has replaced lobster as the local speciality. This is due solely to the fact that there are not enough lobsters in the waters around Helgoland.

You can also find some lobster shacks in the area around the Museumhof. In these brightly-coloured replicas, there is an exhibition dedicated to the island's most famous son: James Krüss. The writer made a name for himself during his own lifetime with numerous children's books. Best known amongst these are the adventures of Timm Thaler. Apart from these stories, not much reminds of Krüss. As there is a commemorative plaque on the Oberland, some shops sell his books. That's it. A more prominent placement is given to the bust of Hoffmann von Fallersleben, right on the jetty. During his 1841 stay on Helgoland, the poet wrote "Lied der Deutschen" (the text of the German national anthem). At that time the island was in the possession of Great Britain, before it was exchanged for German trade rights in East Africa by Kaiser Wilhelm II in 1890. But that's a whole other story.

Aus der Vogelperspektive klar erkennbar: Trotz ihrer geringen Größe bieten Helgoland und Düne großen Raum für die Natur.

A bird's-eye view shows clearly: despite their small size, Helgoland and Düne offer great space for nature.

Die Lange Anna ist das Wahrzeichen Helgolands. Der Brandungspfeiler hat eine Grundfläche von 180 Quadratmetern, ist 25.000 Tonnen schwer und 47 Meter hoch.

Lange Anna is a landmark for Helgoland. The rock pillar has a base area of 180 square metres, weighs 25,000 tonnes and is 47 metres high.

Insbesondere an der Nordwestküste Helgolands und auf Düne tummeln sich Hunderte von Seevögeln, neben Möwen vor allem Basstölpel, Tordalke, Eissturmvögel und Trottellummen.

Especially on the north-west coast of Helgoland and on Düne, hundreds of sea birds cavort; gulls and especially gannets, razorbills, fulmars and guillemots.

Lummenfelsen
Skittenhörn

Für Ornithologen sind die felsigen Klippen an Kastjaal-Hingst und Skittenhörn ganzjährig ideale Orte, um Seevögelkolonien zu beobachten.

For birdwatchers, the rocky cliffs on Kastjaal-Hingst and Skittenhörn are ideal for observing sea bird colonies all year round.

Entlang des drei Kilometer langen Klippenrandweges, der zum Großteil auch barrierefrei verläuft, erschließt sich die ganze Schönheit des Oberlandes.

Along the three-kilometre cliffside path, which for the most part has no barriers, the full beauty of the Oberland opens up.

READ BOOKS NOT T-SHIRTS

Nur wenige Meter Luftlinie von Skittenhörn entfernt befindet sich auf dem Oberland der mit 61,3 Metern höchste Punkt Helgolands und des Landkreises Pinneberg, zu dem die Insel gehört.

On the Oberland, only a few metres from Skittenhörn as the crow flies, is the highest point of Helgoland and the district of Pinneberg, to which the island belongs, measuring 61.3 metres above sea level.

Der 35 Meter hohe Leuchtturm auf dem Oberland verfügt mit einer Reichweite von 30 Seemeilen über das stärkste Leuchtfeuer der Deutschen Bucht. Um den Leuchtturm herum grasen robuste Rinder.

The 35-metre-high lighthouse on the Oberland, with a range of over 30 nautical miles, is German Bight's strongest beacon. Around the lighthouse, hardy cattle graze.

KARTOFFELALLEE

An der Ostseite des Oberlandes befinden sich zahlreiche Schrebergärten als kleine bepflanzte Oasen mit Aussicht über den Klippenrand auf die Nordsee.

Located on the east side of the Oberland are numerous allotments, small planted oases with views over the cliff's edge to the North Sea.

Unterhalb des Klippenrandweges breitet sich der Nordstrand aus. An dessen Westseite werden gerne vergängliche Liebesbotschaften mit Hilfe kleiner Steine in den Sand geschrieben.

Below the cliffside path stretches the north beach. On its west side, fleeting messages of love are written in the sand using pebbles.

Deprimierend und spannend zugleich: Der Gang durch die weit verzweigten Bunkeranlagen Helgolands mit ihren 13,8 Kilometer langen Gängen.

Simultaneously depressing and exciting: the path through Helgoland's labyrinthine bunkers, with 13.8 km of passages.

Besuchen Sie Helgolands
Unterwelt

Neben einer eigenen kleinen Feuerwache findet sich im Oberland mit der James-Krüss-Schule die einzige Lehranstalt der Insel. Diese fungiert als Grund- und Gemeinschaftsschule der Gemeinde.

In the Oberland, next to a small fire station, Helgoland's only educational institution, the James Krüss School, can be found. This acts as a municipal primary and community school.

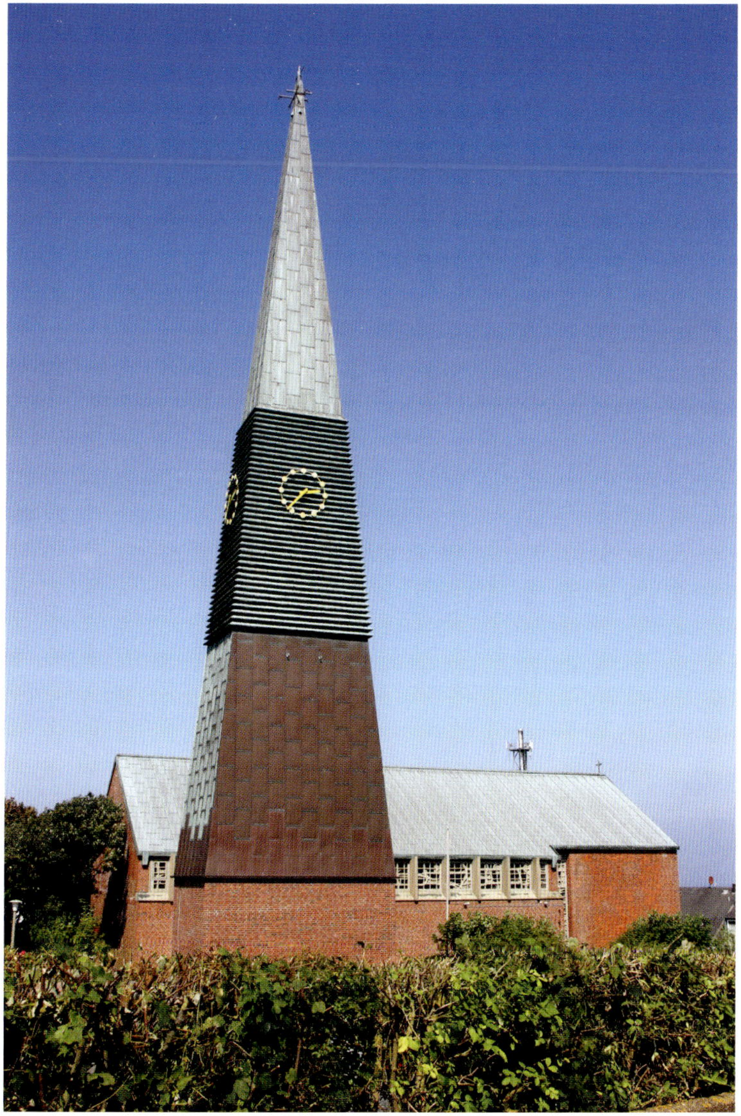

Gleich zwei Gotteshäuser sind im Oberland angesiedelt: Die evangelische St.-Nicolai-Kirche mit dem spitzen Turm und die turmlose katholische St.-Michael-Kirche mit der Statue des heiligen Michael.

Two churches are also located in the Oberland: the Protestant St. Nicolai Church with its steeple, and the towerless Catholic St. Michael‘s Church with its statue of St. Michael.

Bunte Häuserzeilen und blühende Vorgärten prägen die engen Gassen und Straßen des Oberlandes.

The narrow alleys and streets of the Oberland are characterised by rows of colourful houses and gardens in full bloom.

Haus
Passat

7B

Blick vom Aussichtspunkt in der Straße Am Falm im Oberland auf das Unterland und die vorgelagerte Insel Düne.

View from the Oberland lookout point on Straße Am Falm to the Unterland and the offshore island of Düne.

Vom Aussichtspunkt im Mittelland oberhalb des Binnenhafens sind es 456 Kilometer bis Berlin und 65 Kilometer bis Cuxhaven.

From the lookout point in Mittelland above the inland port, it's 456 kilometres to Berlin and 65 kilometres to Cuxhaven.

Markanter Blickfang im Oberland: der rot-weiße Sendemast hoch über den Klippen.

A striking eye-catcher on the Oberland: the red and white radio mast high above the cliffs.

MÜNCHEN

FAHRSTUHL ZUM OBERLAND

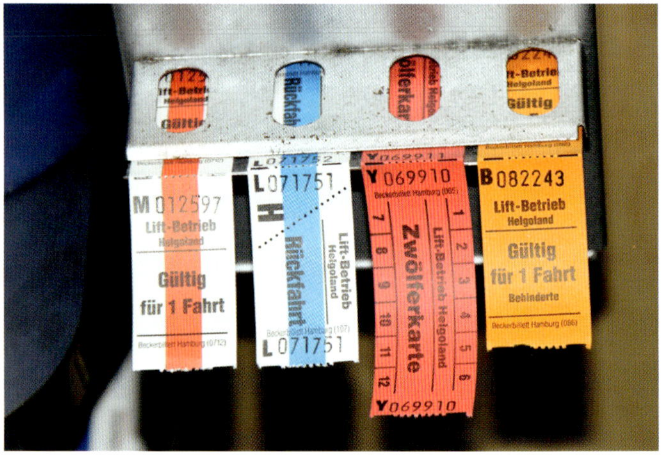
M 012597
Lift-Betrieb
Helgoland
Gültig
für 1 Fahrt
L071751
H
Rückfahrt
Lift-Betrieb
Helgoland
L071751
Y069910
Zwölferkarte
Lift-Betrieb Helgoland
Y069910
B082243
Lift-Betrieb
Helgoland
Gültig
für 1 Fahrt
Behinderte

Das Ober- und das Unterland sind durch eine Treppe und durch einen kostenpflichtigen Fahrstuhl miteinander verbunden.

The Oberland and Unterland are connected by a staircase and a lift, for which there is a usage fee.

Genau 265 Stufen trennen den Klippenrandweg vom Nordstrand, an dem immer wieder auch Seehunde neugierig die Köpfe aus dem Wasser stecken.

Exactly 265 steps separate the cliffside path from the north beach, where the curious heads of seals pop repeatedly out of the water.

Unweit des Nordstrands liegt im Schutz der Klippen Helgolands Sportplatz. Durch die umliegenden Dünen zuckelt die Inselbahn, während Hobby-Ornithologen auch hier auf ihre Kosten kommen.

Not far from the north beach a sports ground lies in the shelter of Helgoland‘s cliffs. The island path wends its way through the sand dunes, where ornithologists really get their money’s worth.

POST OFFICE

Auf dem Vorgelände der Nordseehalle fungieren die bunten Nachbauten der Helgoländer Hummerbuden als zusätzliche Ausstellungsfläche des Inselmuseums.

In front of the Nordseehalle, the colourful replicas of the Helgoland lobster shacks act as additional exhibition space for the island's museum.

Der Museumshof im Erholungspark Nord-Ost ist mit seinen prächtigen Hummerbuden und dem Leuchtturm-Nachbau nicht nur für Kulturliebhaber ein beliebter Anlaufpunkt.

The Museumhof in the Nord-Ost leisure park, with its magnificent replicas of the lobster shacks and the lighthouse, is a popular starting point, and not just for culture lovers.

SEEBADERDIENST
Cassen Eils
B 1

ZK 38

James Krüss
Museum
Helgoland

JAMES KRÜSS
Timm Thalers
Puppen

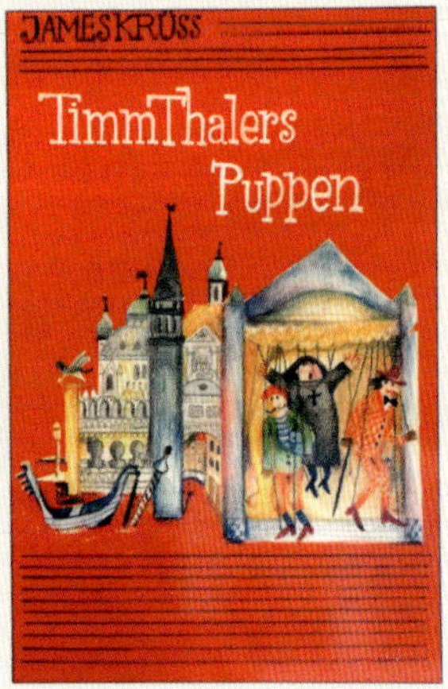
JAMES KRÜSS
Timm Thalers
Puppen

James Krüss
Tim Thaler
oder
Das verkaufte Lachen

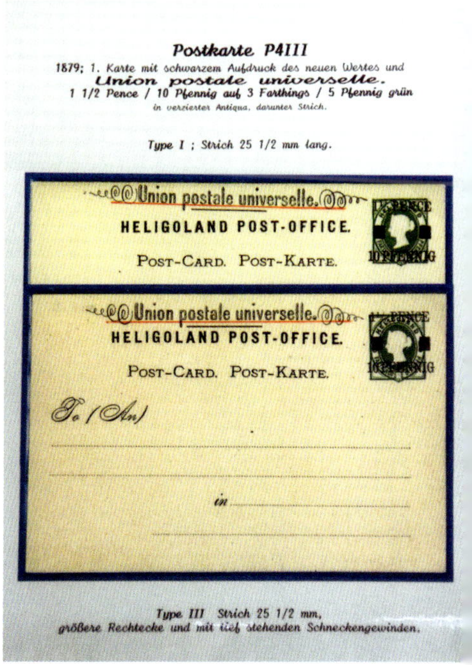

Die Hummerbuden des Museumshofes dienen teils als Postmuseum, teils als Atelier. In erster Linie werden hier aber Leben und Werk des Schriftstellers James Krüss, des geistigen Vaters der Timm-Thaler-Abenteuer, anschaulich aufgearbeitet.

The lobster shacks in the Museumhof serve partly as a postal museum, partly as a workshop. Primarily though, the life and works of writer James Krüss, the spiritual father of Timm Thaler's adventures, are vividly represented here.

In der Nordseehalle präsentieren die Helgoländer mehrmals im Jahr einheimische Trachten und Tänze, während der Shanty-Chor lautstark Seemannslieder schmettert.

In the Nordseehalle, the residents of Helgoland perform traditional dances in traditional outfits several times a year, while the shanty choir belts out accompanying sea-shanties.

Das ganzjährig geöffnete Meerwasser-schwimmbad *mare frisicum spa helgoland* ist ein kleines Meer mitten in der Nordsee, ausgestattet mit Sauna, Spa sowie verschiedenen Schwimm- und Entspannungsbecken im Innen- und Außenbereich.

The seawater pool *mare frisicum spa helgoland* is a small sea in the middle of the North Sea. It opens year-round, and is equipped with a sauna, spa, and several indoor and outdoor swimming and relaxation pools.

Der Erholungspark Nord-Ost bietet rund um das Kurmittelhaus vielfältige Freizeitmöglichkeiten, vom Minigolf über Schach bis hin zum Trampolinspringen.

Around the spa building, the Nord-Ost leisure park offers a variety of recreational opportunities, from mini golf and chess to trampolining.

Im kleinen Nord-Ost-Hafen, von dessen Kai aus sich ebenfalls Seevögel beobachten lassen, liegen vorwiegend kleine Motorboote und Segelschiffe vor Anker.

In the small Nord-Ost harbour, where you can watch sea birds from the quayside, predominantly small motor boats and sailing ships are moored.

Nord-Ost-Hafen
Natooshoawen

In 19 Becken stellt das unweit des Nord-Ost-Hafens gelegene Aquarium die Unterwasserwelt rund um Helgoland vor.

The aquarium located near the Nord-Ost harbour displays in 19 pools the underwater world around Helgoland.

Eine rekordverdächtige Auslastungsrate verzeichnet das „Atoll Ocean Resort“ auf Helgoland. Bis 2023 (!) ist das Hotel komplett ausgebucht – Energiekonzern WindMW hat als Betreiber des vor Helgoland gelegenen Windparks „Meerwind“ alle Zimmer und Suiten für zehn Jahre angemietet.

The “Atoll Ocean Resort” on Helgoland demonstrates a record-breaking rate of occupation. The hotel is fully booked until 2023 (!); as the operator of the wind farm located in front of Helgoland, energy company WindMW has reserved all rooms and suites for ten years.

Sie versprühen den Charme der 1970er-Jahre: die Konzertmuschel und die daneben liegende Landungsbrücke.

Exuding 1970s charm: the concert bandshell and the adjacent jetty.

Die Landungsbrücke am Südstrand ist die verkehrstechnische Drehscheibe Helgolands. Hier landen die Börteboote an, von hier aus kann nach Düne übergesetzt werden. Zudem nutzen die Kinder die Steganlage gerne mal für einen Sprung in die Nordsee.

The jetty on the south beach is Helgoland's traffic hub. This is where passenger boats land; from here you can also be ferried over to Düne. In addition, children love to use the jetty to jump into the North Sea.

2
DÜNENFÄHRKASSE
DÜNE FLUGHAFEN

Entlang Helgolands Haupteinkaufsstraßen, der Lung Wai und der Siemens-Terrasse, lassen sich neben Andenken auch immer noch zollfrei Tabakwaren und Alkohol, aber auch Parfüms, Schmuck und Uhren erstehen.

Along Helgoland's main shopping streets, Lung Wai and the Siemens-Terrasse, in addition to souvenirs you can still buy duty-free alcohol and tobacco, as well as perfume, jewellery and watches.

Boulard
Boulard
Boulard
zollfrei
Asbach
Asbach
METAXA
BACARDI

I ♥ Helgoland
auch als Lady-Shirt
Helgosapiens
LIEBER HEL(L)GOLAND
ALS SYLT IM DUNKELN

Klassischer Helgoländer Rote-Grütze Tee
Original Helgoländer Seebäder Tee-Mischung
Aromatischer Rotbusch Tee
Original Ostfriesen Broken Tee-Mischung
Helgoland Tee 500g
€7.50
Helgoland T
€7.50

HANSEAT
HANSEAT
Quisisana

STRANDHOTEL HELGOLAND
HANSEAT

Die prächtigste Flaniermeile der Insel befindet sich parallel zur Straße Am Südstrand, wo ein moderner Kinderspielplatz zu den Lieblingstummelplätzen der kleinen Gäste gehört.

The island's most impressive promenade is located parallel to Straße Am Südstrand, where a modern children‘s playground is one of the favourite spots of the smaller guests.

Die berühmten bunten Hummerbuden bilden eine Prachtkulisse am Binnenhafen.

The famous, colourful lobster shacks form a magnificent backdrop to the inner harbour.

Einst dienten die im skandinavischen Stil gebauten, pastellfarbenen Hummerbuden den Fischern als Lagerplätze und Werkstätten. Heute tummeln sich zwischen Tauwerk und ausrangierten Hummerkörben Kunsthandwerk, Galerien, kleine Geschäfte und Imbissbuden, in denen fangfrische Knieper serviert werden.

The pastel-coloured lobster shacks built in Scandinavian style originally served as storage space and workshops for fishermen. These days, craftwork, galleries, and small shops jostle for space amongst the netting and lobster pots, as well as food stalls serving freshly-caught crab claws.

BOMA NGAN GA

Nestlé
Schöller
LINIE
OSBORNE

VL-E

Schiffsausrüstung

Zwischen Süd- und Vorhafen, in dem neben dem Seenotrettungskreuzer und Kuttern auch mal Dreimaster vor Anker liegen, ist der Deutsche Wetterdienst mit einer Station angesiedelt. Auch eine spezielle „Schiffsausrüstung“ ist hier erhältlich.

Between the south harbour and the outer harbour, where next to the lifeboat and cutters the occasional three-master is also anchored, the German Weather Service has a station. Special marine equipment is also available here.

Wie ein gestrandetes Raumschiff auf einer Stange wirkt der Turm der Biologischen Anstalt des Alfred-Wegener-Instituts zwischen Binnen- und Südhafen. Das Landstück an der Ostkaje ist auch Sitz der Feuerwache Unterland sowie des Wassersportclubs Helgoland.

Between the inner harbour and the south harbour, the tower of the Alfred Wegener Biological Institute looks like a stranded spaceship on a pole. The stretch of land on the Ostkaje is also the location of the Unterland fire station and Helgoland water sports club.

WASSERSPORTCLUB HELGOLAND

DIKER

Nur fünf Minuten dauert die Überfahrt mit der „Witte Kliff" von Helgolands Hauptinsel nach Düne, wo an der Westseite ein schmuckes Bungalowdorf mit bunten Holzhäusern Entspannung für Erholungsuchende verspricht.

The crossing from the main island of Helgoland to Düne takes just five minutes aboard the "Witte Kliff", where a charming bungalow village composed of colourful wooden houses awaits, promising relaxation for those seeking leisure on the west side.

Auf der gerade mal 0,7 Quadratmeter großen Insel Düne befindet sich der kleine Helgoländer Flughafen, auf dem die Passagiere ganz stilecht in Strandkörben auf den Abflug warten können.

On the island of Düne, which measures just 0.7 square kilometres, lies the small Helgoland airport, where passengers can await their departure in style in period deckchairs.

WELKOAM IIP LUNN

!
ACHTUNG
tieffliegende Flugzeuge
LEBENSGEFAHR
In der Einflugschneise nicht
stehen bleiben. Bei Annäherung
eines Flugzeuges hier warten
Kurverwaltung Helgoland

Zwischen dem Flughafen und dem Nordstrand von Düne ist es Campingfreunden möglich, im Schutz der Dünen zu zelten.

Between the airport and Düne's north beach, camping fans can set up their tents in the shelter of the dunes.

Der Südstrand von Düne ist wie die gesamte Insel eine Oase der Ruhe. Hier gibt es kein Internet, man kann entspannt abschalten und die Natur genießen.

Düne's south beach, like the entire island, is a haven of tranquillity. There is no internet here; you can switch off, relax and enjoy nature.

Vor allem zwischen Aade und Nordstrand tummeln sich ganzjährig große Kegelrobben-Kolonien, denen sich die Besucher bis auf 30 Meter nähern dürfen.

Large colonies of grey seals romp on the beaches year-round, especially between Aade and the north beach, where visitors can approach to a distance of 30 metres.

41

Der weitläufige Nordstrand auf Düne erweist sich als traumhaftes Badeparadies mit feinkörnigem Sand, bunten Strandkörben und neugierigen Kegelrobben.

Düne's expansive north beach is a swimmers' paradise, with fine-grained sand, colourful deckchairs and curious grey seals.

Bei der An- und Abreise werden Helgoland-Besucher nach wie vor mithilfe der zehn Meter langen und drei Meter breiten Börteboote ausgebootet und an Land bzw. zurück auf die Fähre gebracht.

Visitors to Helgoland are transported to and from the ferries using boats measuring ten metres long by three metres wide.

Buchhinweise

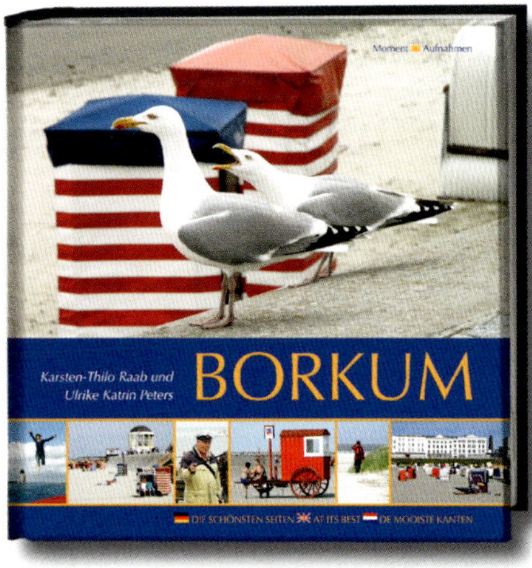

Borkum

Die schönsten Seiten / At its best

Karsten-Thilo Raab und Ulrike Katrin Peters

ISBN: 978-3-95400-157-6

14,95 € [D]

Kiel und die Förderegion / Kiel and the Fjord Region

Eine Panorama-Bilderreise / A Panoramic Journey in Pictures

Fred Watty

ISBN: 978-3-95400-061-6

14,95 € [D]

Travemünde

Die schönsten Seiten / At its best

Karl Erhard Vögele

ISBN: 978-3-95400-158-3

14,95 € [D]

Weitere Bücher finden Sie unter:

www.suttonverlag.de